Sheekooyinkii hore ee Giriiggu qayb wayn ayay ka qaataan ilbaxnimada Reergalbeedka. Khuraafaadkooduna wuxuu ka mid ahaa fanka iyo suugaanta, qoraalka, diinta, iyo waxbarashada bulshada Giriigga. Khuraafaadkoodaasina wuxuu maanta inoo suurta geliyay inaynu waxka fahanno dadyawgii hore ee Giriigga iyo siday u dhaqmi jireen.

The ancient Greeks stand at the cornerstone of Western civilisation. Their mythology was an integral part of the art, literature, religion and education of ancient Greek society. It is through their mythology that we today can gain some understanding of what the ancient Greeks were like as a people and a culture.

First published 2002 by Mantra
5 Alexandra Grove, London N12 8NU
www.mantralingua.com

Text copyright © 2002 Mantra Lingua
Illustrations copyright © 2002 Diana Mayo

British Library Cataloguing in Publication Data:
a catalogue record for this book is available
from the British Library.

Sanduuqii Baandoora

Pandora's Box

retold by Henriette Barkow

illustrated by Diana Mayo

Somali translation by Adam Jama

mantra

Beri hore intaan duniduba bilaabmin waxaaa jiray waxyaabo ay rumaysnaayeen inay yihiin ilaahyo lab iyo dheddigba leh.

Zuways ayaa u boqor ahaa. Wuxuu dul fadhiistay buurta Olambas, maarkaasuu fekeray, dhulku waa quruxbadan yahay laakiin waxbaa ka dhiman. Markaasuu intuu hoos u eegay, go'aansaday dhulka waxaa ka dhiman xawayaan, shimbiro iyo kalluun.

Long long ago, at the beginning of time, lived gods and goddesses.

Zeus, the king of the gods, sat on Mount Olympus and thought that the earth was beautiful but also that something was missing. He looked closer and decided what was needed on earth were animals and birds and fishes.

Zuways baa u yeedhay labadii Taytaan ee Borometiyas and Ebimatiyas oo u xilsaaray shaqada abuurista waxyaabaha dhulka ku nool oo dhan.

"Kiishkan hadyaduhu ku jiraan qaata oo siiya waxaad abuurtaan," ayuu yidhi Zuways.

Zeus called the two Titans, Prometheus and Epimetheus, to him and gave them the task of creating all the creatures to live on the earth.

"Here is a bag with some special gifts that you can give to your creations," he told them.

Borometiyas iyo Ebimatiyas waxay ahaayeen walaalo, midba waxbuu ku wanaagsanaa. Borometiyas oo magaciisuba ahaa indheer garad ayaa labada fahmo badnaa. Waxa soo socda ayuu had iyo jeer arki jiray.

Wuu u digay Ebimatiyas: "Illaa weligay noolaanmaayee waa inaad ka faa'iidaysataa wixii uu hadyad ina siiyo Zuways."

Prometheus and Epimetheus were brothers, and like many brothers each had his own strengths and weaknesses. Prometheus, whose name means forethought, was by far the cleverer, and as his name suggests, he could often see into the future. Thus it was that he warned Epimetheus: "I won't always be here, so take great care with any gift that Zeus may give."

Inkastoo aanu Ebimatiyas u fahmo wanaagsanayn sida walaalkii, wuxuu ku fiicnaa sida loo sameeyo sanamyada iyo nijaaradda. Wuxuu diyaariyay intuu waxnool samayn karaayay oo dhan, markaasuu hadyadihii Zuways u qaybiyay. Qaar wuxuu siiyay qoor dheer, qaarna diillimo midabbo leh iyo dib dheer, baalka shimberaha ama afdheer.

Although Epimetheus wasn't as clever as his brother, he was good at making things, like a sculptor or a carpenter. He created all the creatures that he could think of and gave them different gifts from Zeus' bag. Some he gave long necks, others he gave stripes and tails, beaks and feathers.

Markii uu dhameeyay ayuu tusay Borometiyas "Maxay kula tahay?" walaalkii buu weydiiyay.

"Runtii aad bay u yaab badanyihiin," ayuu yidhi Borometiyas.

Markaasuu dunidii sidaa u eegay Borometiyas oo ku fekaray inuu wax kaduwan oo kale abuuro - mid iyagoo kale laga sawiro. Markaasuu dhoobo iyo biyo soo qaatay oo sameeyay qofkii ugu horreeyay. Markaasuu haddana saaxiibbo u sameeyay si aanu u cidloonin.

When he had made all the creatures he showed them to Prometheus. "What do you think?" he asked his brother.

"They are truly wonderful," said Prometheus.

Looking across the earth Prometheus then had the idea for another kind of creature - one that would be modelled on the gods. He took some clay and added some water and moulded the first man.

Then he made him some friends so that man wouldn't be lonely.

Markuu dhammeeyay wixii uu abuurayay ayuu tusay Zuways oo
markaa nolol geliyay dhammaantood.

When he had finished he showed his creations to Zeus who breathed life into them.

Borometiyas iyo Ebimatiyas ayaa dadkii baray siday u noolaan lahaayeen. Dhulka ayay iyana kula noolaayeen si ay u baraan dadka sida loo ugaadhsado, hooy uu galo loo samaysto, cuntana loo beerto.

Maalinbaa Borometiyas baadhay kiishkii Zuways si uu hadyad usiiyo wixii uu abuuray, laakiin kiishku wuu madhnaa. Gacankii waxaa la siiyay maroodiga, dibkii dheeraana dameerka, libaaxana jibaadka, duulistana shimbiraha illaa ay hadyadihii dhammaadeen.

Prometheus and Epimetheus taught man how to look after himself. They stayed on earth and lived with man teaching him how to hunt, build shelters and grow food.

One day Prometheus went to Zeus' bag to find a gift for his creations but the bag was empty. The trunk had been given to the elephant, the long tail had been given to the monkey, the biggest roar to the lion, flight to the birds and so it went until there were no more gifts.

Borometiyas oo aadu jeclaaday wixii uu abuuray ayaa damcay inuu siiyo dadka hadyad aanay hore u arag oo noloshooda u fududaysa. Dadkii buu sidaa u eegay markaasaa fekradi ku soo dhacday - Waa inaan siiyaa dab.

Laakiin dabka waxaa iska lahaa illaahyada, sida qudha ee uu ku helikaraana waa isagoo xada.

Markii habeenkii dumay ayuu Borometiyas fuulay buurtii Olambas markaasuu soo xaday dhuxul yar oo dab ah, dadkii baanuu siiyay. Wuxuu tusay siday dabka u shidi laahaayeen iyo waxyaabaha ay dabka u isticmaali karaan oo dhan.

Prometheus, who had grown very fond of his creations, wanted something special to give to man, something that would make his life easier. And as he watched his creation the idea came to him — fire. He would give man fire.

Now fire belonged to the gods and the only way that Prometheus could give fire to man was by stealing it.

Under the cloak of darkness Prometheus climbed Mount Olympus and stole a tiny flame and gave it to man. He taught him how to keep the flame alive and all that man could do with fire.

Markiiba Zuways wuxuu arkay inay dadku haystaan wax aanay lahayn, oo ilaahayadu iska lahaayeen, ilaahyaduna waxay bixiyaan kuma noqon karaan. Zuways aad buu u cadhooday, waxaanuu ku tashaday inuu ciqaabo Borometiyas iyo dadkaba.

Zuways baa intuu Borometiyas qoorta soo qabtay ayuu buurta dusheeda jar ah ku xidhay.

It didn't take long for Zeus to see that man had something that didn't belong to him, something that belonged to the gods and a gift given by a god could not be taken back. Zeus was furious and with all the rage and wrath of a god he decided to punish both Prometheus and man.

Zeus grabbed Prometheus and chained him to a cliff.

Inkastoo uu aad u xanuunjiyay haddana Zuways kuma qancin, wuxuu rabay inuu Borometiyas sii ciqaabo. Markaasaa Zuways gorgor usoo diray inuu Borometiyas beerka kala soo baxo. Habeenkii ayaa beerku u bogsadaa, markaasaa gorgorku subaxdii soo noqdaa oo sii ciqaabaa Borometiyas. Taasi waxay ahayd ciqaab aan dhammaanayn, Borometiyasna sidaas waa inuu weligii ku jiraa.

The pain was almost unbearable but that wasn't enough for Zeus, he wanted Prometheus to suffer even more. So Zeus sent an eagle to tear out Prometheus' liver. Every night his liver would heal and every morning the eagle would return, to torment and torture Prometheus even more. This was pain without ending, and thus Prometheus was doomed to suffer forever without hope.

Markii uu sidaa u ciqaabay Borometiyas ayuu dadkii usoo jeestay sidii uu uga aargoosan lahaa. Zuways baa khiddad isaga u qalanta dejiyay. Wuxuu sameeyay qof ilaahad u eg laakiin dadkoo kale ah.

Wuxuu abuuray dumarka markaasuu naf geliyay.

Having punished Prometheus, Zeus devised a cunning plan to take his revenge on man. A plan that was worthy of a god. He created a being that looked like a goddess but was a human.

He created woman and breathed life into her.

Zuways baa ilaahyadii kale oo dhan
lab iyo dhadigba u yeedhay, oo ku yidhi mid waliba
dumarka hadyad ha siiyo. Afrodhite ayaa dumarkii qurux
siiyay, Ateena-na xikmad, Heermas-na, wuxuu siiyay hadal
badnaan, Abboola-na muusiqada ayuu siiyay.
Zuways baa gabadhii uu abuuray Baandoora u bixiyay,
oo usoo diray inay dhulka ku noolaato.

Zeus called the other gods and goddesses to his side and asked
them each to give woman a gift. Among the many attributes, Aphrodite
gave woman beauty, Athena gave her wisdom, Hermes gave her a clever
tongue and Apollo gave her the gift of music.
Zeus named her Pandora and sent her to live on earth.

Gabadh samada lagusoo sameeyay, ilaahyaduna hadyado soo siiyeen ayay ahayde, Ebimatiyas waa is hayn kariwaayay, markaasuu jeclaaday Baandoora.

Maalintii arooskooda ayaa Zuways siiyay sanduuq qurux badan oo cajiib ah. "Hadyaddan quruxda badan qaado oo ilaali. Laakii xasuuso tan - sanduuqan waa inaan weligii la furin."

Miskiinadda Baandoora, illayn Zuways wuu ugu sii talagalaye, hadyadaha lasoo siiyay waxaa ka mid ahaa damac.

A woman made in heaven, with the gifts of the gods, was impossible to resist and Epimetheus fell in love with Pandora.

On their wedding day Zeus gave them a beautiful and intriguing box. "Enjoy the beauty of this gift, and guard it well. But remember this - this box must never be opened."

Poor Pandora, Zeus had woven her fate, for amongst the gifts of the gods was the gift of curiosity.

Beryihii hore oo dhan Baandoora iyo Ebimatiyas nolol farxad leh ayay ku jireen, dhulkuna wuxuu ahaa meel barwaaqo iyo nabadgelyo taal. Xanuun, dagaallo, murugo iyo dhibaato midna ma jirin.

Maalintii intuu maqanyahay Ebimatiyas, ayay Baandoora ka faa'iidaysataa damaceeda. Waxay tijaabisay siyaabaha cuntada loo sameeyo iyo muusiqo cusub. Waxay wax ka baratay xawayaankii meesha ku noolaa. Baandoora waxay dadka bartay siyaabo cusub oo dabka loogu isticmaalo wax kariska iyo birtumidda.

At first Pandora and Epimetheus were very happy. The world was a rich and peaceful place. There were no wars or illnesses, no sadness or suffering.

While Epimetheus was out all day Pandora used her gift of curiosity wisely. She found new ways to prepare their food and new music to play. She studied the animals and insects around her. Pandora showed man new ways of using fire to cook and work metals.

Laakiin illaa damacu khatartiisa ayuu leeyahaye, wixii ay wanaag samaysay oo dhan, sanduuqii xidhnaa ayay maskaxdeeda kasaari kariweyday. Maalinkasta qunyar uun bay eegtaa. Markaasay xasuusataa hadalkii Zuways yidhi "Sanduuqan waa inaan weligii la furin!"

But curiosity is a double-edged sword and for all the good that Pandora had done she could not put the locked box out of her mind. Every day she would just go and have a look at it. And every day she remembered Zeus' words: "This box must never be opened!"

Dhawr bilood ayaa kasoo wareegay, maalin baa Baandoora is aragtay iyadoo sanduuqii horfadhida haddana. "Bal maxay dhibaato keenaysaa haddaan qunyar uun gudihiisa eego?" ayay is weydiisay. "Bal waxa sidaa u xun ee ku jirikaraa maxay yihiin?" Markaasay intay hareeraheeda eegtay oo hubsatay inaan cidi arkayn, ayay timaheeda biin kasoo saartay oo qufulkii qunyar soo qabatay.

After some months had passed Pandora found herself sitting in front of the box again. "What harm would it do if I just sneaked a look inside?" she asked herself. "After all what could possibly be in there that is so terrible?" She looked around to make sure that she was alone and then she took a pin from her hair and carefully picked the lock.

Markay qufulkii furtayba, daboolkii ayaa
sare usoo booday, sanduuqiina wuu furmay.
Way adagtahay in hadal lagu dhammeeyo
waxa xumaan iyo xasad sanduuqaas ku
jiray iyo dhibaatada lagu soo daayay dunida.

As soon as the lock opened, the lid flew back and the box
burst open. It is hard to explain in words the terrible things
that were stored within that box and the suffering that
was unleashed upon the world.

Markii daboolkii laga qaaday baa waxaa kasoo
booday, xasad iyo hunguri, cudurro iyo
xanuun, iyo inta wax xun manta dunida
taal ee dadka haysa.

When the lid was lifted, out flew hate and greed, pestilence and
disease and all the terrible things that still torment us today.

Baandoora ayaa aad u naxday markay aragtay waxay samaysay, markaasay xooggeedii oo dhan isugu geeysay oo sanduuqii xidhay.

Markaasay iyadoo aadu daallan dhulka fadhiisatay oo oohin qabsatay.

"Iga fur! Iga fur!" ayaa cod yar yidhi.

Baandoora ayaa sare u eegtay meeshuu codkan yar ee macaani ka imanayo.

Pandora was so shocked when she saw what she had done, that she grabbed the lid and forced it down again with all her strength.

Exhausted she sat on the ground and sobbed.

"Let me out! Let me out!" cried a small and gentle voice.

Pandora looked up to see where this sweet voice was coming from.

"Sanduuqaan ku jiraa, fadlan iga fur," codkii baa cawday.

Markaasaa Baandoora ku fekertay waxa sidaa u codka macaani ma noqon karo wax xun, markaasay ku noqotay sanduuqii oo qunyar furtay.

Markaasaa waxaa kasoo booday iftiin yar oo baalalka balanbaalista oo kale leh. "Waxaan ahay Rajada, dadka anaa ka caawinkara sidii uu dhibaatada nolosha u qaabililahaa. Marka dhibaato timaadana waxaad marwalba u baahantahay Rajo, in wax waagsani ka dambayn doonaan." Sidaasaana Rajadii cirka ugu duushay.

"I'm in the box, please let me out," it pleaded.

"Anything that sounds so sweet can't be terrible," thought Pandora and she went back to the box and slowly lifted the lid.

Out flew a small and gentle light with wings as delicate as a butterfly's. "I am Hope and I can help man to face the future. When things are terrible you will always have hope that they can and will get better." And with these words Hope flew up into the sky.

Rajadii ayaa dhulkoo dhan kusoo wareegtay, waxay aragtay Borometiyas oo weli buurtii ku xidhan, markaasay qalbigiisa taabatay.

Dhowr kun oo sanno ayaa kasoo wareegay waqtiguu xoreeyay Hiriqle, laakiin sidaad u maqasheenba taasi waa sheeko kale.

As Hope journeyed across the earth it passed Prometheus chained to the mountain and touched his heart.

It would take a few more thousand years before Heracles set him free but that, as they say, is another story.